5475.
B

Ye.   9450

PIECES FUGITIVES

DE

M. RACINE, FILS.

PIÉCES FUGITIVES

DE

M. RACINE, FILS,

DE L'ACADÉMIE ROYALE

DES INSCRIPTIONS ET BELLES-LETTRES.

POUR SERVIR DE SUITE A SES ŒUVRES,

A AMSTERDAM,

ET

A PARIS,

Chez G A T T E Y, fous la voûte royale du Louvre.

M. DCC. LXXXIV.

ÉPITRE

DÉDICATOIRE

A MONSIEUR L***.

L * * *, *reçois ces Vers, enfans de ma jeuneſſe,*
Ce ſont tes propres dons que je t'offre en ce jour.
Jadis une tendre Maîtreſſe
T'envoyoit ce tribut par les mains de l'Amour.

Le Temps eſt un burin qui travaille ſans ceſſe,
Le cruel me ravit les grâces, la beauté;
Mais il me rend la liberté,
Sans me priver de la tendreſſe.

On ſe fait difficilement
Au malheur de perdre ſes charmes;
L'amitié nous conſole, elle ſeche nos larmes:
On eſt encòre heureux avec le ſentiment.

D'inutiles regrets ne m'ont point pourſuivie,
De la tranquillité je lui dois le retour;
Elle ſeule adoucit les tourmens de ma vie.
L'amitié s'enrichit des pertes de l'amour.

Toujours conſtante, toujours belle,
On diroit que le Dieu des ans
Ne ſuſpend ſon vol que pour elle,
Elle eſt encore à ſon printemps.

✦

O Dieu! que tes ſuccès ont mon ame ravie!
Qu'ils ſont brillans! qu'ils ont flatté ma vanité!
Tes chefs-d'œuvres, malgré l'envie,
T'aſſurent l'immortalité.

✦

Oui, déjà je te vois au Temple de Mémoire.
Mais... Que fais-je?... Il faut m'arrêter.
Mon cœur ſait jouir de ta gloire,
Mon eſprit ne peut la chanter.

PIECES

PIECES FUGITIVES

Lettre de M. Racine à M^de. de L***.

Vous n'écrivez plus ; quel silence !
Partez donc, Climene, arrivez ;
Une lettre, ou votre présence :
Si vous ne partez, écrivez.
Que votre présence est aimable !
Que votre plume est agréable !
Que vos vers nous ont enchantés !
Les Muses vous les ont dictés.
En les lisant on vous adore.
Ah ! de grâce, écrivez encore ;
Mais quel mal, & que de beautés !
Non, non, n'écrivez plus ; partez.

Réponse de M^de. de L*** à M. Racine.

Eh ! quoi ! vous craignez ma présence ;
Quoi ! vous m'évitez pour toujours,
Pourquoi d'une douce espérance

A

Vouloir interrompre le cours ?

Je me flattois qu'une amitié fincere

Uniroit pour toujours votre cœur & le mien.

Mêmes defirs, & même caractere,

Tout fembloit concourir à former un lien

Si digne de me fatisfaire.

Pareil goût pour les fentimens,

Pareil dégoût pour les emportemens,

Honteux fléaux de la délicateffe,

Qui ne furent jamais pour les parfaits amans

Le langage de la tendreffe.

A des fentimens délicats,

Seuls enfin dont je faffe cas,

Mon cœur fe livre en affurance.

Que dis-je ?... il vous en fait l'entiere préférence,

Même fur l'Apôtre fervent,

Moins propre à convertir qu'à plaire ;

Organe foudroyant d'une morale auftere,

Que fa bouche prononce & que fon œil dément.

Dans cette douce intelligence,

Dans une fi fincere avance,

Que je fais fans trop confulter

La rigoureufe bienféance,

Ne trouvez-vous donc rien qui puiffe vous flatter ?

Et voulez-vous me faire détefter

De foibles, d'inutiles charmes,

Moins propres en effet à caufer des alarmes,

Qu'impuiffans pour vous arrêter ?

M. Racine à M^de. de L***.

DE mon ami la tendre amie
Doit être auffi la mienne : on dit qu'en amitié
C'eft une loi ; tous biens font de moitié.
Je vous fuis cependant, & pour toute ma vie ;
La raifon me l'ordonne, en me difant qu'un bien,
Bien fi charmant que vous, ne peut être le mien ;
Puifque jamais je ne ferai le fien.
Et pourquoi tenez-vous ce langage modefte ?
Vous n'en voulez qu'au cœur, & méprifez le refte.
Et vous avez fans doute un cœur tendre ?... Hélas ! oui.
Il ne le fut que trop le mien, mais aujourd'hui,
Que lui ferviroit-il, hélas ! d'être encor tendre,
Puifqu'il ne peut fe faire entendre ?
Son interprete eft mort. O comble de malheurs !
Humble & muet près d'une belle,
Du pauvre Barnabas trifte & parfait modele,
J'ai perdu pour toujours le Miniftre du cœur,
Il ne l'a point perdu cet admirable Pere,
. . . Ce Novice Prédicateur,
Qui, malgré fa morale auftere,
A déjà fu trouver le fecret de vous plaire.
Ah ! que de tous les cœurs il connoît les refforts !
Que dans ce zele qui l'enflamme,
Cet Apôtre eft bien fait pour convertir une âme !
Ame fur-tout qu'enferme un joli corps ;

A 3

Ame jeune, vive & gentille,
C'eft celle-là qu'il veut toucher;
Qui lui reftoit, lorfque prêt à prêcher,
Pour fon texte il prend fa béquille :
Texte court, mais heureux, texte clair, qui toujours
Annonce un éloquent difcours
A l'auditoire bénévole.
Serai-je affez hardi pour prendre la parole ?
Après un fi grand Orateur,
Mon parti le plus fage eft celui de me taire,
Et d'être votre admirateur.
Je l'avouerai pourtant, le rôle eft peu flatteur ;
Et quiconque ne peut mieux faire,
Des beautés qu'il ennuie en prétendant leur plaire,
Doit prudemment fe retirer.
Vous ne haïffez pas, Belles, qu'on vous admire :
Vous le méritez bien ; mais, s'il faut vous le dire,
Malheureux près de vous qui ne peut qu'admirer !

M^{de}. de L***. à M. Racine.

TENDRE ingénuité, que l'art te fait injure !
Que tes plaifirs font vrais, que la fource en eft pure !
Ta naïve candeur fuit les Nymphes des cours ?
Leurs fouris concertés, leurs faftueux atours,
L'ombre de leurs baifers refpire le parjure :
L'amour fut-il jamais où n'eft pas la nature ?

Il fuit les volages retours
Des feux qu'allume l'impoſture :
Il habite avec toi les champêtres ſéjours ;
Il préfere une grotte obſcure
Aux beautés de Meudon , aux boſquets de Marli ,
Le chant d'une fauvette , un ruiſſeau qui murmure
Lui plaît mieux que tout l'art des concerts de Lulli.
Tendre ingénuité , ſois toujours la parure ,
Sois l'art de mon Amant , & laiſſe aux Pompadours
Méditer les plaiſirs du Monarque de France ;
Laiſſe à nos coquettes la T......
De feindre de l'amour & de l'indifférence.
L'art fatigue , & tu plais toujours ;
Son éclat éblouit , mais ton charme intéreſſe.
Comme une ſource pure & libre dans ſon cours
Couvre de fleurs ſes bords que ſon onde careſſe ;
Telle encor dans mes ſèns coule ta douce ivreſſe ,
Tes roſes émailloient l'aurore de mes jours ;
Sans fard , ſans vernis , ſans atours ,
Tu l'emportes ſur la fineſſe ;
Toi ſeule embellis mes amours.
De la plus touchante tendreſſe ,
Si j'oſe tracer le tableau ,
Ecarte de l'eſprit l'infidele flambeau ;
De ſes crayons légers fuis la brillante adreſſe.
Aimer eſt tout mon art , le cœur eſt mon pinceau.

M. Racine à M^{de}. de L***.

Ton doux coloris
A nos yeux furpris
Rend Eglé plus piquante ;
Tout pour toi devient agrémens,
Tu te peins dans nos fentimens,
Et tu renais par tes talens.
  Plaifir, tu nous enchantes ;
  Plaifir, tu nous enchantes.

☞

  Tu foulages nos maux,
  Tu fais, par ta préfence,
  Des plus rudes travaux
  Faire une jouiffance.
   Plaifir, tes faveurs
   Portent dans nos cœurs
  Une flamme agiffante :
Heureux de vivre fous tes loix !
Les fimples Bergers & les Rois
Chantent d'une commune voix :
  Plaifir, tu nous enchantes ;
  Plaifir, tu nous enchantes.

☞

O qu'il eſt doux de rencontrer enſemble
L'innocence, l'amour, l'amitié, les plaiſirs !
Quand la nature les raſſemble,
Peut-on former d'autres deſirs ?
Pour combler mon bonheur,
Régnez, régnez, Divinités charmantes ;
Régnez à jamais ſur mon cœur.

M. Racine fils à M^{de}. L***.

CETTE lettre courte & ſincere,
Que pour raiſon, qu'il me faut taire,
Je n'oſe montrer à mon pere,
N'eſt pas un ouvrage d'eſprit ;
C'eſt un enfant qui vous écrit :
Et la vérité ſimple & pure
En fait ſeule les ornemens.
Je ne ſais ſi vos agrémens
Sont auſſi ceux de la nature
Qui prit plaiſir à vous former.
Mais quand je vous vis, ce fut elle
Qui m'apprit que vous étiez belle,
Et qui me dit de vous aimer.
Oui, je vous offre ſon hommage ;
Je veux vous aimer conſtamment,
Et vous ſervir fidélement.
Vous ſervir ... mais à quel uſage ?

A 4

Hélas! je vous entends d'ici
Rire d'un Amant de mon âge.
Devez-vous vous moquer ainfi
D'un ferviteur qui vous adore ?
Attendez quelque temps encore,
Je croîtrai, mon amour auffi.
Pourquoi l'allumer davantage ?
O Dieu! retenez fes tranfports !
Hâtez le refte de l'ouvrage,
Grand Dieu! le cœur eft prêt ; faites croître le corps.

Réponfe de M^{de}. de L***.

DIEU! quelle voix enchantereffe,
Par les plus doux accens vient attendrir mon cœur :
C'eft l'Amour même ... A fon adreffe,
A fon innocente tendreffe,
Du petit Dieu je reconnois fans ceffe
Et l'artifice & la douceur.
Que cet enfant eft un grand maître !
Il a verfé fur toi tout ce qui peut charmer,
Et je le vois s'occuper à former
Une Mufe qu'il a fait naître.
A travers un nuage obfcur,
L'enfance en vain fe montre encore ;
L'éclat de tes beaux jours va fuivre fon aurore :
Tout en eft le préfage fûr.

Déjà je vois fur ton visage
Les Grâces ébaucher les plus aimables traits :
Déjà Vénus fourit à tes naiffants attraits,
Et te prend pour fon fils dont tu montres l'image.
    Mais puiffe Minerve à fon tour
    Unir les vertus de ta mere
    Aux rares talents de ton pere !
Sauve-toi mieux que lui des dangers de l'amour!
    Deviens, s'il fe peut, auffi fage,
'Auffi fidele ami qu'il eft amant volage!

M°. Racine envoyant une robe à M^{de}. L***.

P A R cette robe, encor mieux par vos charmes,
Qu'au Dieu Bacchus vous cauferez d'alarmes !
Lorfque les Ris, cortege de l'Amour,
Et vous auffi, car c'eft la même cour,
Vous conduiront triomphante & pompeufe,
Dans la Cité que l'éclat pétillant
De fon nectar rend encore plus fameufe,
Que fon *** & fon pilier tremblant;
On y verra bien plus rare merveille.
Le bon Rémois, au bruit de vos appas,
Quittant fon verre & courant fur vos pas,
Une heure entiere oubliera fa bouteille;
Puis il dira ↳Puiffant Dieu du raifin,
    Dieu de mon cœur, ainfi que de mon vin;

Pardonne-moi, fi je la trouve belle.
Et ne crains rien, ton ferviteur fidele
Boira toujours, mais il boira pour elle.
Dans Rheims alors qu'on verfera de coups !
Que de bouchtons feront en l'air pour vous !
Du Dieu charmant qu'à Paphos on révere,
Quelqu'un dira que vous êtcs la mere :
Mon Champenois le croira tout d'abord.
En le croyant, pas ne feroit fi bête.
Le vieux proverbe en ce point auroit tort ;
Mais s'il alloit briguer votre conquête,
Et qu'en amour, fans foupçonner d'écueil,
Il s'embarquât, comptant fur l'affurance
De vos fouris, de votre doux accueil,
Et fur vos yeux, grands donneurs d'efpérance,
Le vieux proverbe alors auroit raifon ;
Mon Champenois feroit un vrai mouton.

Portrait de M^{de}. par M. Racine.

ELLE a d'Hébé la brillante jeuneffe,
Les graces, l'efprit, l'enjouement ;
Dans fon regard plein de fineffe,
On voit régner à tout moment,
Sous les traits de la gentilleffe,
L'expreffion du fentiment,
Ce je ne fais quoi qui nous touche,
Plus féduifant que la beauté,

Les yeux de Vénus, une bouche
Où réfide la volupté ;
Un teint que les lis & la rofe
Tour à tour ont foin d'embellir ;
Un fein qui jamais ne repofe,
Doux labyrinthe du defir :
D'autres appas fecrets ; mais, non, il faut fe taire :
Elle s'offenferoit de trop de libertés.
On a vu quelquefois déplaire
Par de flatteufes vérités.
Mufe, contente-toi du portrait que tu traces ;
S'il y manque encor quelques traits,
Notre Comteffe a tant d'attraits,
Que, de fes moindres graces,
Tu formerois mille portraits.

Madame de L * * *.

VÉNUS, à tes tranfports tu mêles trop d'alarmes ;
Pour les cœurs amoureux il eft trop de tourmens ;
Tu te fais un plaifir de voir couler nos larmes.
Ah ! la raifon devroit abjurer tes fermens.
Tes premieres douceurs, tes baifers, tes careffes
Nous font adorer les progrès
De tes flammes enchantereffes.
Momens légers qu'efface un fiecle de regrets.
Que tes rofes alors font de pefantes chaînes.
Des fources de l'amour coule un torrent de peines.

Le défefpoir fuit tes rigueurs,
Tandis que de froides langueurs
Sont de l'amour heureux le funefte partage.
Et qu'attendent de toi nos aveugles ferveurs ?
Tes revers font toujours plus prêts que tes faveurs.
    Zéphire emporte le bel âge,
Et nous le prodiguons à tes charmes trompeurs.
Tel qui croit l'arrêter n'embraffe qu'un nuage,
Qui bientôt fe diffipe en ftériles vapeurs.
Tes biens font plus légers que l'air & le feuillage.
Et L*** m'attache à ton fceptre volage.
Le foudre eft moins brûlant, l'Etna moins orageux,
Que tes regards, tes traits, ta vengeance & tes feux.
Imprudente, je vole au milieu des tempêtes,
Que tes fatales mains affemblent fur nos têtes.
    Ah! Vénus, quels font tes bienfaits ?
Tes jeux furent toujours de tragiques forfaits :
Sans ceffe à mon efprit la pitié les retrace ;
Ta coupe eft pleine encor des poifons de Circé,
Ton ivreffe égara les Saphos, les Dircé,
Fayel a de ton char enfanglanté les traces :
Du bucher de Didon les funeftes apprêts
Nous rappellent encor ton crime & fes difgraces.
    Tes myrthes font de noirs cyprès,
    Les Euménides font tes graces.
Vénus, je lis mon fort dans ces affreux revers.
    Plus inconftante que ces mers
Dont les flots orageux t'ont donné la naiffance,
Le malheur des mortels flatte ton efpérance ;

Ton nectar le plus doux a des retours amers ;
    Ton calme annonce les orages ;
    Tes ports font couverts de naufrages,
    Et tu fouris quand tu nous perds,
    Heureufe l'ame indifférente !
Trop heureux le mortel échappé de tes fers !
    Malheur à la Parque imprudente,
Qui s'égare avec toi vers les bords de Paphos !
Tu livras Ariane aux déferts de Naxos.
En vain de tes zéphirs les haleines propices
    Enflent nos voiles fur tes eaux ;
Cythere eft un écueil bordé de précipices.
    Sur la foi de tes vains aufpices,
J'ai vu, j'ai vu périr mille & mille vaiffeaux.
    Ainfi les flatteufes Sirenes,
    Jadis fur les humides plaines,
Attiroient les nochers aux pieges de leurs chants.
    Dans l'abyme où tu nous entraînes,
    Nul bonheur ne luit aux amants.
Ce reveil, cet éclat, ces pompes de l'Aurore,
    Ce brillant fpectacle de Flore,
A leurs fombres regards font en vain étalés ;
Des feux les plus riants le jour en vain fe dore ;
Le jour fe leve-t-il pour des yeux défolés,
Qu'un nuage de pleurs tient fans ceffe voilés ?
    Douce liberté que j'adore,
Rends-moi ces jours fi purs fous ton regne écoulés,
Et toi, fuis de mes fens que ta flamme a troublés,
Fuis, Vénus, tous les maux que déchaîna Pandore,

Je les vois à ta cour en foule raſſemblés.

  Le temps aux aîles fugitives,

L'envie & les argus déſolent tour-à-tour

De tendres Danaés, pleurantes & captives

  Dans l'ombre d'une affreuſe tour :

  La téméraire impatience,

Les deſirs effrenés voltigent à l'entour.

D'un Ajax importun la ſombre défiance,

Et le ſoupçon jaloux, trop funeſte vautour,

  Les lentes horreurs de l'abſence,

  L'eſpoir inquiet du retour,

Et ce rapide inſtant d'une chere préſence,

  Cet éclair de la jouiſſance,

Tout, juſqu'au plaiſir même, eſt douleur en amour.

M. Racine à M^{de}. de L***.

D'AIMER encor je n'ai plus le courage ;

De la ſageſſe écoutons les leçons :

Il en eſt temps, & , quoique j'en enrage,

Profitons-en, puiſque mieux ne pouvons ;

Car, voyez-vous, déjà trop de ſaiſons

Ont altéré, chiffonné mon viſage.

Plaiſirs, plaiſirs, vous avancez notre âge !

Vous faites plus cent fois que les moiſſons.

ON a peut-être excuſé quelques belles,

Dans mes beaux jours, ſeuls dignes du bonheur,

Quand fe livrant aux douceurs de l'erreur,
Se décidant à n'être point cruelles,
De ma jeuneffe elles cueilloient la fleur.
   Douce volupté que j'adore,
   A tes feux j'ai pu me livrer ;
Ils embrâfoient les jours de mon aurore.
On peut fentir quand on peut infpirer.
   C'eft toi, fille de la tendreffe,
   Qui m'as donné, pour mon malheur,
Ce goût du vrai, cette délicateffe,
   Et dans l'efprit & dans le cœur :
   J'idolâtre encor les caprices,
   Les jeux badins, ces riens charmans,
   Que, chez la prude, on nomme vices,
Et vrai bonheur, chez les honnêtes gens :
   Volupté, de mes premiers ans
   Tu me rappelles les délices ;
   Que j'ai goûté d'heureux inftans,
   Quand à mes vœux, quand à mes chants,
   Tu foumis des beautés propices.
Que j'ai connu ces momens délicats !
Que j'ai fenti ce plaifir dont l'ivreffe
   Tient de la vie & du trépas ;
   Où tout eft force, ou bien foibleffe,
Où la décence eft de n'en avoir pas :
Dans ce combat renouvellé fans ceffe,
Où deux captifs de leurs fers enchantés,
Vont s'oubliant dans leurs félicités ;
Couple altéré du defir qui le preffe,

Tantôt amant, ou maîtreſſe à ſon tour,
Donne, reçoit, également s'empreſſe
A mériter la palme de l'amour.

QUE je te plains! Que je hais ta ſageſſe?
    O toi, qui dans ce doux inſtant,
De tous tes ſens malheureuſe maîtreſſe,
    Oſes calculer froidement
Le point où doit s'arrêter la tendreſſe
    Dans les tranſports du ſentiment.

DE ces tranſports le doux raviſſement
Eſt le ſeul bien; mais de les faire naître,
    Voilà le point : on ne peut être
Jamais heureux ſans cet accord charmant.
OR, pour atteindre à ce point néceſſaire,
C'eſt peu d'aimer, il faut le don de plaire.

    DONNE-LE-MOI, Dieu de Cythere,
Cet art heureux qu'en tout temps croit avoir
    Belle, laide, fille & grand'mere.
Cet art charmant que je voudrois ſavoir,
Du monde entier qui captive l'hommage,
De deux beaux yeux qui fonde le pouvoir,
Qui réuſſit ſans s'en appercevoir,
    Que n'eſt-il encor mon partage ?

J'AIMAI pourtant, j'ai ſubi l'eſclavage
Du Dieu frippon qui tient tout ſous ſa loi:
Vous en rirez; j'en ſuis ſurpris moi-même :
                              J'aimai,

J'aimai, je plus, je ne fais trop pourquoi.

    Que ne peut une ardeur extrême?
Plus d'une belle à ma voix s'adoucit,
Et par caprice à mes vœux fe rendit:
Aimer beaucoup, c'eft forcer qu'on nous aime;
Puis j'étois jeune, & jeuneffe embellit.

OR, maintenant que la fleur paffagere
De mes beaux ans, feuls faits pour les amours,
Tombe & s'enfuit, comme une ombre légere,
    Et m'abandonne fans retours,
    Avec regret, mais pour toujours;
Je quitte, hélas! ce cher & beau menfonge,
Dont le preftige a trop fu me charmer;
D'un vain efpoir pourquoi me confumer?
A cinquante ans l'amour n'eft qu'un vrai fonge;
Ceffant de plaire, il faut ceffer d'aimer.
    Les ris, ni les jeux, ni les graces
N'accordent rien à nos vœux fuperflus;
    Le temps en détruit jufqu'aux traces,
Et privés d'eux, il ne nous refte plus,
Sans s'occuper d'une vaine pourfuite,
Qu'à joindre encore, avec quelque plaifir,
    A tous les regrets de leur fuite,
    La vanité du fouvenir.

DONC, s'il falloit qu'un amant réuniffe,
De votre cœur pour remporter le prix,
Au jeu badin qui fait votre délice,
Force d'Hercule & grâces d'Adonis;

                    B

Jamais il ne feroit le vôtre :
Dans fon efpoir votre cœur eft déçu :
Hélas ! du ciel je n'ai reçu
Talent de l'un, ni traits de l'autre.

Madame de L*** à M. Racine.

MALGRÉ toute fon innocence,
De la plus fimple négligence
L'amitié murmure tout bas :
Mais fi la plus légere offenfe
La touche, elle n'en fouffre pas.
Toujours pure, toujours unie,
Un trait ne fauroit l'accabler.
Le ruiffeau traîne en la prairie
Plus d'un caillou, fans fe troubler :
Telle eft l'amitié qui vous preffe ;
Telle eft la mienne, ou peu s'en faut ;
Toutes deux ont même tendreffe,
Et toutes deux même défaut.
On fe néglige, on s'abandonne
Sans ceffer de bien s'eftimer :
Vous m'accufez, je vous pardonne :
Hélas ! où fait-on mieux aimer ?

*M. Racine à M^{de}. de L***, qui vouloit qu'il entendît le P. Renaud.*

DANS une Eglife froide & fombre,
Par mille Badauts coudoyés,
Je pourrois augmenter le nombre
Des admirateurs ennuyés :
Non que pour faire un profélyte,
Notre ami n'ait cent dons divers ;
Il a fûrement du mérite,
Puifqu'autrefois il fit des vers ;
Mais, quelque ardeur qui le tranfporte,
Si jamais, par fes tons hardis,
Son éloquence aimable & forte
Me fait aller en Paradis,
Je veux que le diable m'emporte.

A M. Racine.

JE fonde ma félicité,
Damon, fur ta fincérité :
Oui, lorfque tu me dis, *je t'aime,*
Je goûte le bonheur fuprême,
Et je te crois fans héfiter.

Cependant, tu vas me quitter.
Me quitter : ah! Damon, que rien ne nous fépare!
Ton ame eft-elle affez barbare ?
Pourrois-je foutenir un fi cruel tourment ?
O Dieu! prenez plutôt ma vie,
Sans regret je la facrifie,
Et confervez-moi mon amant :
Ce tendre amant toujours fidele,
Cet ami fi cher, dont le zele
Devine tout mon mouvement ;
Qui fait unir à la tendreffe
Les foins, & la délicateffe
Les délices du fentiment.
Quoi! fe peut-il qu'il m'abandonne ?
A ce feul penfer je friffonne,
Mon défefpoir feroit affreux :
Arrête, il en eft temps encore ;
Attends, cher amant que j'adore ;
Tu veux donc nous perdre tous deux.
Crains de céder à l'injuftice,
Ce monftre affreux, que le caprice
En un jour fait naître & détruit ;
Défends-toi de fon artifice,
Bientôt il feroit ton fupplice.
Au menfonge qui nous féduit,
Succede la honte & la rage,
Quand de la vérité le trifte jour nous luit.
Ah! de l'illufion diffipe le nuage,
Toi dont le temple eft dans mon cœur,

Aimable Vérité, fille de l'innocence,
    Peins à l'objet de mon ardeur,
Du plus parfait amour toute la violence
    Fais qu'il se rende à mes transports,
    Epargnes-lui les vains remords
    D'avoir offensé ma tendresse ;
    Qu'il perde un soupçon qui me blesse ;
    Que je conserve le bonheur :
    C'est son estime que j'implore :
    Quand je jure que je l'adore,
    Tout mon esprit est dans mon cœur.

Madame de L*** à M. Racine.

L'ESPRIT éclairé par le cœur,
    Des mœurs douces, une ame sensible,
    Sont les sources du vrai bonheur ;
Les trouver réunis, c'est peut-être impossible :
    On croit souvent les rencontrer.
Une maniere aisée, une belle figure,
Tous les dons séducteurs qu'on tient de la nature,
    Font qu'aisément on se laisse frapper
      D'un extérieur agréable :
      Tout ce qui nous paroît aimable,
      A bientôt l'art de nous tromper ;
Les femmes ont sur-tout ce funeste partage :
    Vous les voyez, avec étonnement,
    Parler raison avec le sage,

Disserter avec le savant,

Badiner avec le volage,

Avec le Magistrat raisonner gravement;

Du petit-maître aussi prendre le persifflage;

Déchirer avec le méchant,

Et du plus tendre amour emprunter le langage;

Avec un homme à sentiment;

Tous les tons\font à leur usage.

O qu'il seroit à désirer,

Pour la félicité de l'humaine nature,

Que chaque être eût dans la figure

Quelque signe qui pût le faire pénétrer!

On verroit aussi-tôt les vices disparoître;

Les hommes sûrs d'être connus

Reprendroient toutes les vertus;

On sentiroit bientôt l'innocence renaître;

Les troubles, les divisions,

Le sordide intérêt, & la maligne ruse,

L'envie au sombre accueil, la fiere ambition,

La dangereuse illusion,

Ces faux biens dont on nous amuse,

Tout s'anéantiroit, jusqu'à nos passions.

Jusqu'à nos passions; sans doute : Je m'abuse.

On peut les conserver, sans altérer les mœurs,

Et ce n'est que l'abus qui corrompt leurs douceurs.

Mais de cette flatteuse image,

Que je me plais à parcourir,

C'est assez long-temps discourir;

L'esprit a produit ce nuage,

Et la réflexion le fait évanouir.

Ce signe desiré, cette vive lumiere,

Où je croyois voir le bonheur,

Augmenteroit notre misere.

N'avons-nous pas le cri du cœur,

L'instinct, ce guide si fidele,

Et qui ne nous trompe jamais ?

La nature nous a comblés de ses bienfaits,

Peut-on s'égarer avec elle ?

Mais sans cesse occupés à repousser ses traits,

Nous devenons méchans & nous voulons bien l'être.

Qui ne peut aisément connoître

L'illusion de ces souhaits ?

Nous ne pouvons cesser d'être ce que nous sommes;

Essayons, j'y consens, de corriger les hommes;

Ne nous flattons pas du succès.

Des vices, des vertus le bizarre assemblage

Sera toujours notre partage ;

Jamais la pauvre humanité

Ne pourra se souftraire à cette vérité.

Non; ce n'est point dans sa colere

Que le destin nous départit

Les maux qui désolent la terre ;

Ils font un effet nécessaire

Du tout que lui seul a produit.

En vain nous voulons reconnoître

Par quels secrets ressorts ce tout peut se mouvoir,

Jamais nous ne pourrons savoir

Quelle est la source de notre être.

B 4

Sans nous embarraſſer de ces ſoins ſuperflus,
Cherchons ſeulement les vertus.
Du voile & des nuages ſombres
Qui nous cachent la vérité,
N'ayons jamais la vanité
De prétendre percer les ombres.
Du Dieu moteur de tout reſpectons les décrets;
Adorons en tremblant ſa ſageſſe profonde:
La nuit dont il couvre le monde
Eſt le plus grand de ſes bienfaits.

L'APPARENCE TROMPEUSE,

CONTE de M^{de}. de L*** à M. Racine.

Méfiez-vous de l'apparence;
Souvent le bien qu'on croit tenir,
Fuit, & trompe notre eſpérance;
Croyez-en mon expérience;
Eſpoir eſt bon, mais ce n'eſt pas jouir.

Un jour l'innocente Iſabelle,
Aſſiſe ſur de verds gazons,
Filant & gardant ſes moutons,
Chantoit une chanſon nouvelle :
Un Berger preſque auſſi beau qu'elle
Vint ſe placer à ſes genoux,
Et lui dit : Belle, voulez-vous
Permettre à mon ardeur fidelle

De paſſer ce jour avec vous ?
Helas ! je le veux bien, dit-elle.

BORNEZ-VOUS à cette faveur
L'eſpoir qui regne dans mon ame ?
Ne connoiſſez-vous pas la flamme
Qui brûle & conſume mon cœur ?
Devenez ſenſible à ma pēine ;
Nous ſommes ſeuls, loin des jaloux ;
Souffrez qu'ici je vous apprenne
Ce que l'amour a de plus doux ;
Ne ſoyez pas à vous-même cruelle,
A mes feux abandonnez-vous ;
Hélas ! je le veux bien, dit-elle.

AH ! cet aveu charme mon cœur,
Je goûte le bonheur ſuprême ;
Je ſuis autant aimé que j'aime ;
Quelle ivreſſe ! quelle douceur !
Déſormais, aimable Bergere,
Rien ne pourra troubler la paix,
Qu'une tendreſſe ſi ſincere
Doit nous aſſurer à jamais :
Ne craignez point que mon audace
Méſuſe de tous vos bienfaits :
Je le ſens ; vous me faites grace,
Je reſpecterai tant d'attraits.

POUR mieux vous prouver que ma flamme
Eſt capable de cet effort,

Et pour réſiſter au tranſport
Qui malgré moi s'empare de mon ame,
Je vais m'éloigner de ces lieux ;
Recevez mes derniers adieux.

Il dit : & fuyant la pauvrette ,
Qui le conduit encor des yeux ,
Tremblante , interdite , inquiete ,
Elle ſent qu'elle le regrette ,
Et court le rappeller ; mais, ô ſoins ſuperflus !
Triſte Bergere , allez , vous ne le verrez plus :
Profitez bien de cette expérience ,
Ne comptez plus ſur le plaiſir ;
Méfiez-vous de l'apparence :
Eſpoir eſt bon , mais ce n'eſt pas jouir.

De la même au même.

Avec un ſort digne d'envie ,
Va … tu te crois un objet de pitié ,
Bien aimé de Philis , adoré de Sylvie ,
Lorſque tu peux paſſer ta vie ,
Entre l'amour & l'amitié.

Que faut-il pour te ſatisfaire ?
Il ſemble que le ciel ait formé tout exprès ,
Même cœur, même caractere ,
Aux objets qui ſavent te plaire ,
Accord que nul mortel ne rencontra jamais.

Et cependant ton injuſtice
Oſe les accuſer de feinte & de caprice;.
D'un trop cruel ſoupçon rien ne peut te guérir;
Toujours barbare pour toi-même,
Tu poſſedes le bien ſuprême,
Et tu ne ſais pas en jouir.

✦

La même au même.

PLUS on eſt avec toi, plus on y voudroit être;
Mon trouble, mes regards, t'ont fait aſſez connoître
Tout ce que je ſouffrois en te voyant partir;
Le ſoin de ta ſanté n'a pu te retenir.
Un prétendu devoir vient toujours à ton aide:
A ce titre ſacré tout autre intérêt cede;
Mais ce prétexte heureux couvre d'autres deſirs,
Et tu lui donnes tout, excepté tes plaiſirs.
Tu te laiſſe entraîner au tourbillon rapide
De ce monde trompeur qui te meut & te guide;
Tu ſais l'apprécier, & même le haïr,
Ce monde, & cependant tu parois le chérir.
Sans vouloir m'arrêter à cette inconſéquence,
Que tu veux décorer des armes de prudence,
Dis-moi, ſi dans le cercle où tu portes tes pas,
Tu trouves pour ton cœur de ſéduiſans appas?
Te dédommage-t-il d'un ami véritable?

Peux-tu te croire heureux lorfqu'il eft miférable ?
Te livres-tu fans crainte à ta froide vertu ?
Et par le fentiment n'es-tu pas combattu ?
Non : tu ne peux fentir, ni croire à la tendreffe ;
Tu te reprocherois, comme une petiteffe,
Le moindre fentiment qui pourroit te parler
D'un Ami... Mais, pourquoi t'entretenir encore
D'un temps trop fortuné que vainement j'implore ?
Ce temps, ce temps fi cher à mes fens éperdus,
Eft paffé fans retour ; je ne le verrai plus !
Malheureux artifan du malheur qui m'accable,
J'ai creufé le néant où gémit un coupable ;
Je t'ai moi-même armé du redoutable acier,
Qu'en mon cœur tout à toi tu plonges tout entier.
Je n'en murmure point, je connois mon offenfe ;
Mais, le crime finit où le remords commence ;
Ce remords dont je fuis en tous lieux tourmenté,
Eft un garant certain de ma fidélité ;
Il devroit effacer, bannir de ta mémoire
De mes triftes erreurs la douloureufe hiftoire ;
Sans ceffe ces erreurs préfentes à mes yeux...
Je te le jure encor... Oui, j'attefte les Dieux...
Vains efforts !... Dans ton cœur rien ne prend ma dé-
 fenfe ;
L'éternité fuffit à peine à ta vengeance ;
A la moindre lueur prêt à me condamner...
Tu n'es pas affez grand pour favoir pardonner...
N'importe : je chéris l'ami qui me maltraite ;
Pour ceffer de l'aimer mon ame n'eft point faite :

Il fut, il eſt encor l'objet de tous mes vœux ;
Je ferai fortuné, ſi je le vois heureux :
Loin de me reprocher un excès de foibleſſe,
J'appuie avec plaiſir ſur le trait qui me bleſſe.

La même au même.

TOI que j'aime en ami, que je reſpecte en maître,
Que j'adore en amant, toi qui m'as fait connoître
Ce ſentiment divin, ce délice des cœurs ;
Toi pour qui j'éprouvai les plus vives douleurs.
Ah ! qu'il m'eſt doux, après de mortelles alarmes,
Qu'une ſi chere main daigne eſſuyer mes larmes !
Mon ami, mon amant, ſource de mon bonheur,
Le ſort a donc enfin épuiſé ſa rigueur.
Hélas ! je n'étois plus qu'une ombre fugitive,
Mon eſprit affaiſſé ſous le poids du remord,
Aſſerviſſoit mon ame inquiete & craintive ;
J'avois perdu l'eſpoir, & je cherchois la mort.
Tel étoit mon état. Un ſentiment ſuprême
Soutenoit ſeul ce cœur que tu ſus trop charmer ;
Je mourois de l'horreur de perdre ce que j'aime,
Et je vivois encor du plaiſir de l'aimer.
Je renais, ton amour me rend à la lumiere ;
Il pénetre mes ſens, il m'anime, il m'éclaire ;
Je ne regrette plus mes pleurs & mon tourment.
Pourrai-je trop payer ce fortuné moment,

Où ferrant dans mes bras cet objet que j'adore ?...
Ah! de ce fouvenir mon cœur palpite encore.
Dieux! comme je l'aimois! L'excès de mes defirs
Avoit fixé mon ame au temple des plaifirs ;
Je n'ofois me livrer à la plus douce ivreffe.
Préjugés impofteurs, fauffe délicateffe,
Vous agiffiez encor fur mes fens éperdus ;
Mais bientôt méprifant vos murmures confus,
Et fuivant les tranfports de mon ardente flamme,
A l'amour, à Vénus j'abandonnai mon ame.

VOLUPTÉ, don du ciel! O fouverain bonheur!
Non, mon foible crayon n'entreprend pas de rendre
    Votre inexprimable douceur ;
    L'efprit ne peut vous faire entendre ;
Et pour vous bien fentir, il faut avoir mon cœur.

La même au même.

TOUT eft plaifir pour un cœur tendre,
Tout lui parle & lui fait entendre
Qu'il eft formé pour être heureux.
Le chant des oifeaux amoureux,
L'aimable & riante verdure
Qu'étale à nos yeux la nature,
Lorfque la douceur du printemps
Vient embellir encor nos guérets & nos champs.
La belle & diligente Aurore,

Le Zéphir, l'agréable Flore,
Ce fpectacle du ciel dont nous fommes furpris,
Toute la nature eft dans un cœur bien épris.

M. Racine à M^{de}. de L***.

ENTENDRAI-JE toujours ce *vous*, ce trifte *vous*?
Il repouffe l'amour... Reine de fon empire,
Cede à ce *toi* charmant que Vénus même infpire,
Ou fi jamais, Céphife, il paroît parmi nous,
   Si tu le prononces encore,
   Songes bien, objet que j'adore.
Que c'eft pour mieux tromper l'oreille des jaloux.

LA FILLE HERMITE.

ROMANCE de M^{de}. de L***.

CEUX qui m'ont donné le jour
N'aimoient pas le mariage;
Je fuis fille de l'amour,
Il fut tout mon héritage:
Les épreuves du malheur
Sont fouvent un avantage;
Les épreuves du malheur
Sont fouvent un grand bonheur.

Toute l'éducation
Que je reçus en partage,
Fut force exhortation
Du Curé de mon village.
Les épreuves, &c.

✠

Lorsqu'à quinze ans je parvins,
O Dieu! quel heureux présage!
A l'amour tous les matins
Je rendois un doux hommage.
Les épreuves, &c.

✠

Un Berger jeune & charmant
Me tenoit un doux langage;
Je répondois tendrement,
J'aurois fait bien davantage.
Les épreuves, &c.

✠

Bientôt ce tendre Berger
De mon cœur reçut le gage;
Pouvois-je le refuser?
Ah! dit-elle, grand dommage!
Les épreuves,

✠

Pour mieux le voir tous les jours
J'abandonnois mon ouvrage,
Et bientôt de nos amours
On jasa dans le village.
Les épreuves, &c.

✠

Le bon Curé fut inftruit
De ce joli badinage ;
Ce fut un vacarme, un bruit,
Il me fit un beau tapage.
Les épreuves, &c.

❧

Pour achever mon malheur,
L'enflure de mon corfage,
Avec certain mal de cœur,
Me fut un trifte préfage.
· Les épreuves , &c.

❧

Quand je fus à mon amant
Apprendre ce bel ouvrage,
Il me dit fort durement
Qu'il falloit être plus fage.
Les épreuves, &c.

❧

Furieufe à ce difcours,
Je déchirai mon vifage ,
Ni mes pleurs, ni mon amour,
N'attendrirent ce volage.
Les épreuves, &c.

❧

Je rougis d'avoir pleuré,
Je raffermis mon courage ;
Sans revoir le bon Curé,
J'abandonnai le village.
Les épreuves, &c.

❧

C

Seulette au milieu des champs,
Et fongeant à mon dommage;
Je fentis frémir mes fens,
De la mort j'étois l'image.
Les épreuves, &c.

❖

Le lendemain, quel effroi !
Il fe forme un gros orage;
Je regarde autour de moi,
J'entrevois un hermitage.
Les épreuves, &c.

❖

Je gagnai ces fombres lieux,
Agitée comme un nuage;
Je n'ofois ouvrir les yeux,
Tout me portoit de l'ombrage.
Les épreuves, &c.

❖

Je reftai fans me mouvoir,
Lorfqu'à travers le feuillage
J'apperçus un manteau noir,
Et d'un homme le vifage.
Les épreuves, &c.

❖

Le Frere Hermite venant
De fa quête au voifinage,
Fut fort furpris, en rentrant,
De trouver cet équipage.
Les épreuves, &c.

❖

Que voulez-vous , bel Enfant ?
Quelques prieres , je gage ;
Pefte ! cet oifeau charmant
Iroit bien dans mon ménage,
Les épreuves , &c.

✤

Que peut-on vous avoir fait ?
Des pleurs baignent ce vifage ;
Contez-moi, tout votre fait ,
J'entends bien le badinage.
Les épreuves , &c.

✤

Mais , je crois m'appercevoir
Que fans doute en fille fage ,
Vous avez voulu favoir ,
Comme on perd fon pucelage.
Les épreuves , &c.

✤

Ne vous affligez pas tant,
C'eft une chofe d'ufage ;
Je voudrois être l'amant
Qni fit fi gentil ouvrage.
Les épreuves , &c.

✤

Victime d'un féducteur,
Que j'aime encore à la rage ;
C'eft lui que dans mon malheur
Je regrette davantage.
Les épreuves , &c.

✤   C 2

Sans favoir que devenir,
J'ai quitté notre village ;
Je fens qu'il vaut mieux mourir
Que de revoir ce volage.
Les épreuves &c.

❅

Fillettte , raffurez-vous ;
Je ne fuis pas un fauvage,
Vivez , reftez avec nous ,
Demeurez dans ce bocage.
Les épreuves, &c.

❅

Pour vous dérober aux yeux,
Sous les voiles du myftere,
Et pour combler tous mes vœux,
Prenez un habit de Frere.
Ce petit coup de malheur,
Ce trait qui vous défefpere ;
Ce petit coup de malheur
Va faire notre bonheur.

❅

Je n'héfitai pas long-tems,
Et pleine de confiance,
J'acceptai tous les préfens
Que me faifoit fa prudence.
Ce petit coup de malheur,
Fut, grâce à mon innocence,
Ce petit coup de malheur,
La fource de mon bonheur.

❅

Nous goûtons depuis cinq ans
Un fort heureux & tranquille :
Je fuis mon hermite aux champs,
Je l'accompagne à la ville.
Cette épreuve du malheur,
Grâce à mon efprit docile,
Cette épreuve du malheur
A fait naître mon bonheur.

❖

Sans parens & fans jaloux,
Bien aimé de ce que j'aime,
Joyeux, nous vivons pour nous,
N'eft-ce pas le bien fuprême ?
Il n'eft de plaifir parfait,
Dans une tendreffe extrême ;
Il n'eft de plaifir parfait,
Que celui que l'amour fait.

La même au même.

Oui, de tous les fléaux que l'humaine nature
    Pouvoit avoir à redouter,
    Eft-il befoin de confulter ?
Pour fentir, qu'un mortel qui parle fans mefure,
Qui fait avec grand bruit des contes ennuyeux,
    Eft un homme à fuir en tous lieux.
    Je préférerois la tournure

Des phrafes du petit M**,
    Il eft froid, mais il eft poli ;
    Son cœur n'a point de bigarrure.
Mais pour votre L**, & fon ton indécent,
    Je le crois très-impertinent :
    Jamais je n'ai pu voir cet homme,
Railleur, & fans efprit voulant être méchant.
    Dieux ! n'ira-t-il jamais à Rome ?
    O Rome autrefois fi vanté,
    Que devient cette vanité,
Qui te fit appeller la maîtreffe du monde ?
Toute cette grandeur à nulle autre feconde,
Dans un trifte néant eft donc précipité ?
Après avoir produit des Catons, des Fabrice,
    Après avoir foumis les Rois,
    Ton orgueil & ton injuftice
T'ont fait perdre le prix de tes rares exploits
Plus lâche mille fois que tu ne fus fuperbe,
On ne voit plus chez toi que des hommes pervers,
Hypocrites, rufés, faux, & plus bas que l'herbe ;
    Ils font l'horreur de l'univers.
Quelle leçon pour vous, Monarques de la terre !
Mais, quittons le cothurne & fes triftes attraits :
Laiffons en paix le ciel, & craignons fon tonnerre.
N'attirons pas fur nous fes redoutables traits.
Je vois dans ce verger mon aimable Bergere,
Amarillis la fuit, & lui parle d'amour :
Approchons, aifément, caché par la fougere,
Je pourrai fans danger écouter leurs difcours.

Hélas ! que voulez-vous apprendre ?
Pourquoi me rappeller de trop vives douleurs ?
Mais, ma Cloé le veut ; hé bien, il faut me rendre !
Il faut lui dévoiler le plus tendre des cœurs !
C'eſt dans ce lieu charmant, c'eſt ſur cette verdure,
Qu'Amour, ce Dieu trompeur, me fit ſentir ſes traits,
Ce feuillage, ces fleurs, ces prés, cette onde pure,
 Livroient mon cœur à ſes attraits.
 Tremblante, interdite, inquiete,
 Craintive ſans ſavoir pourquoi,
 Sans doute ce ſoudain effroi
 Dejà préſageoit ma défaite ;
J'allois fuir, lorſque dans le bois,
Un ſon melodieux vint calmer mon émoi.
 Dieux ! quelle voix enchantereſſe !
Me dis-je ? quels accens ! ils agitent mon cœur.
 Comme ils reſpirent la tendreſſe !
 Comme ils expriment ſa douceur !
Quel Berger peut ainſi !... Mais, ô ciel ! c'eſt Timante !
 Hélas ! en devois-je douter ?
Que vas-tu devenir ? Ah, Bergere imprudente !
 Tu feras mieux de l'éviter.
 Fuyons ; mais Timante m'arrête :
 Bientôt il tombe à mes genoux.
Oui, je ſuis ce Berger trop tendre & trop jaloux,
Cet Amant malheureux qui, malgré lui, regrette
Des jours infortunés qu'il paſſe loin de vous.
 Percez ce cœur qui vous adore ;
 Que je meure ici par vos coups,

Ou partagez enfin l'ardeur qui me dévore.

Hélas ! mon plaifir le plus doux ,

Mon foin le plus preffant , au lever de l'aurore,

Eft de cueillir fes dons, de vous les offrir tous ;

Mais les riches préfens que fes pleurs font éclore,

En paffant par mes mains , pour vous n'ont plus

d'attraits ;

Vous dédaignez fes bontés, fes bienfaits.

La plus cruelle indifférence

Eft le feul prix de mon amour.

Sans ceffe fuyant ma préfence,

Redoutant la clarté du jour ,

Et gardant un morne filence,

Ce bois eft à préfent votre unique féjour.

Plus agité que le nuage,

Je vous cherche par-tout, & ne vous trouve pas:

Ou, fi l'amour·enfin me montre vos appas,

Une vive rougeur couvre votre vifage ;

Vous fuyez, & l'épais feuillage

Bientôt vous dérobe à mes yeux:

Sans doute je vous fuis un objet ,odieux.

C'en eft fait : la fureur, de mon ame s'empare ;

Trop long-temps le jouet d'un injufte mépris ,

A mon tour je deviens barbare.

Malgré vos plaintes & vos cris,

Vénus qui vous livre à ma flamme,

Veut que vous en foyez le prix.

Peu s'en faut qu'à ces mots ... de frayeur je me pâme ,

Et je fentis bien fort défaillir mes efprits.

Cruel, ah! refpectez au moins mon innocence,
M'écriai-je! méchant : c'eft donc-là cet amour!
Se peut-il que ce foit Timante qui m'offenfe ?
  Il.faut donc renoncer au jour,
Moi qui, prête à me rendre à fa tendreffe extrême;
Combattois foiblement mille defirs confus,
Lorfque je puis l'aimer, quand je fens que je l'aime;
  L'ingrat ne le mérite plus.
Arrête, laiffe-moi; mais, fuivant·fon audace,
Timante voit mes pleurs fans en être touché.
  En vain je lui demande grâce,
Il rit de mes efforts, l'ingrat a triomphé.
  Jugez de ma douleur mortelle,
De ce terrible amant je détournois les yeux,
Pour me venger de lui, j'invoquois tous les dieux.,
Le monftre, il jouiffoit de ma peine cruelle.
Amaril, me dit-il, tes cris font ·fuperflus,
Quels que foient tes regrets, tu ne jouiras plus
Du tréfor précieux que t'enleve ma flamme,
Contemple ton vainqueur & raffure ton ame.
Je t'aimois, tu m'aimois, pourquoi du fentiment
  N'avoir pas fourni la carriere ?
Tu me facrifiois à l'honneur d'être fiere,
Et ton plus grand plaifir naiffoit de mon tourment;
  Je fuis peu touché de ta peine,
  Pour toujours je brife ma chaîne,
C'eft au fein du bonheur qu'une heureufe clarté
  Me fait fortir de l'efclavage;
  Je ne veux offrir mon hommage

Qu'à l'aimable ingénuité.

Désormais, si tu cherche à plaire ;

Ajoute à tes attraits celui d'être sincere,

Et de la sotte vanité

Abjure à jamais la chimere :

On n'enchaîne les cœurs que par la vérité.

Tu trouveras plus d'un Timante,

Ils renaissent à chaque instant ;

Mais pour arrêter un Amant,

Songe bien qu'il faut être Amante.

Tels furent les adieux de ce cruel Berger.

Ma douleur, mes soupirs n'ont rien pu sur son ame.

L'espoir de le revoir m'amene en ce verger ;

Mais je l'appelle en vain, il méprise ma flamme.

Voilà, chere Cloé, les dangers de l'amour ;

Voilà les malheurs de notre âge :

Que mon exemple au moins puisse vous rendre sage,.

Et vous faire éviter un si triste retour !

La même à M^de. la Marquise de Pommer.

U N jeune Candidat, de la part d'Apollon,

Vous présente une humble Requête ;

Votre ame généreuse où le bien seul s'arrête,

Pourroit-elle lui dire, *non* ?

Vos grâces, vos vertus fondent son espérance;
D'un vain espoir il ne s'est point flatté;
On voit toujours la bienfaisance
A la suite de la beauté.

Pour M^{de}. L***, qui étoit au bal habillée en homme.

De l'Amour seriez-vous la Mere?
De Psiché seriez-vous l'Amant?
Mon cœur s'embarque également,
Ou pour Florence, ou pour Cythere.

Pour M^{de}. la Comtesse de L***, qui arrivoit à Soissons.

Pour vous complimenter le zele nous assemble,
N'attendez pas de nous de harangue en ce jour;
Quel Orateur hardi peut louer tout ensemble
L'esprit & la beauté, les Muses & l'Amour.

PARODIE de la Musette de B** par Mde. de L***.

VIENS, viens, viens, cher Amant,
Finir mon tourment.
Dans cet instant,
Je sens... Ah !... saisis le moment.
Hélas! tout, en ce jour,
T'invite à l'amour :
D'un tendre cœur
Assure le bonheur.

✳

SÉJOUR délicieux,
Aimable verdure,
Tout s'embellit, mon ardeur ranime la nature.
Ce frais ombrage,
Ce verd feuillage,
A bien aimer tout engage.
Dans ce bois épais,
Je goûte une douce paix.
Amour, j'attends tes bienfaits;
Mais, tu t'arrête? Viens, viens, viens, cher Amant, &c.

✳

MAIS, Philene,
Quelle peine !
Tu t'arraches de mes bras;
Tu me fuis, ingrat : non, tu ne m'aime pas.

Ma tendreſſe
Croît ſans ceſſe,
Tu te ris de ma foibleſſe ;
A mes deſirs, à l'attrait du plaiſir,
Tu ne donnes pas un ſoupir.

✺

Mais, tu t'arrête ?...Viens, viens, viens, cher **Amant,**
Finir mon tourment.
Dans cet inſtant,
Je ſens ... Ah ! ... ſaiſis le moment.
Hélas ! tout, en ce jour,
T'invite à l'amour.
D'un tendre cœur
Acheve le bonheur.

CHANSON de M^de. de V.^** pour Mlle. de
L^***.

ÉGLÉ demande une chanſon,
En chanſon que lui dire ?
Son cœur n'eſt pas à l'uniſſon
Des accens qu'elle inſpire.
Elle veut que dans ce ſéjour,
Dont Paphos eſt l'emblême,
Je chante ſans parler d'amour,
Le premier jour qu'on aime.

Toujours prête à se refuser
　　Aux plaisirs de son âge,
Elle ose dire qu'un baiser
　　Flétriroit son visage.
Eglé souffriroit un Amant,
　　Mais son bonheur suprême,
Est de braver ce que l'on sent,
　　Le premier jour qu'on aime.

A tout l'éclat de la beauté,
　　Aux fleurs de la jeunesse,
Pourquoi joindre une majesté
　　Dont la froideur nous blesse ?
On est bientôt las de porter
　　Le plus beau diadême ;
Mais on voudroit éternifer
　　Le premier jour qu'on aime.

Jouissez dans chaque saison
　　Des plaisirs qu'elle donne ;
Pourquoi prévenir la raison ?
　　La vie a son automne.
Craignez de vieillir dans l'erreur
　　De ne savoir pas même,
Ce qui se passe dans un cœur
　　Le premier jour qu'on aime.

CHANSON de M. Racine à M^{de}. de G***.

VOUS faites des Soldats au Roi,
Iris, eſt-ce-là votre emploi ?
Pour vous épargner cette peine,
Qu'amour vous donne feulement
Tous ceux qu'il mit dans votre chaîne,
Il va vous faire un Régiment.

✳

J'y veux entrer, mais que l'argent
Ne ſoit pas mon engagement :
Je n'ai pas l'ame mercenaire,
D'un ſeul baiſer faites les frais ;
Engagé par ce doux ſalaire,
Je ne déſerterai jamais.

✳

Mais n'allez pas, pour m'acccepter,
A la taille vous arrêter ;
Petit ou grand, cet avantage
A la valeur n'ajoute rien :
C'eſt du cœur que part le courage ;
Quand on aime, on ſert toujours bien.

✳

*Le même à Madame de L***.*

Tu m'aimes, loin de moi de jalouses alarmes ;
Il n'est point de soupçons que n'effacent tes larmes.
Les pleurs du tendre amour sont plus impérieux,
Que le sceptre des Rois , & le foudre des Dieux.

[*Cette petite Piece est la Réponse de celle qui suit.*]

Cher Amant, rassure mon cœur,
Si j'ai pu t'alarmer, mon malheur est extrême :
Quand on offense ce qu'on aime,
On est assez puni par sa propre douleur.

Au même.

Livre-toi, cher Amant, à l'ardeur la plus pure,
Ne cherche plus de l'art le sentier imposteur ;
On ne peut s'égarer en suivant la nature :
C'est la simplicité qui conduit au bonheur.

Sur la Mort du jeune Racine.

O Toi que sans retour à mon amitié tendre
La mort a ravi pour jamais,
Reçois ces vers que j'offre en tribut à ta cendre,
Et que tout l'univers partage mes regrets.

✳

Au

Au moment de former la plus brillante-chaîne,
La barbare t'enleve au printemps de tes jours,
   De cette rigueur inhumaine
   Vénus pleure avec les Amours.

*

Racine, tu n'eft plus, mais tu vis pour la gloire;
   Et tes ingénieux effais
Vont te placer au Temple de Mémoire,
   Les lauriers ornent tes cyprès.

*

   A l'amitié toujours fidele
   Ton triomphe offre mille appas;
   Mais il ne la confole pas,
   Et fa douleur eft immortelle.

D

M. Racine à M. de L***.

L'AVARICE a dit dans son cœur :
Hé ! que m'importe à moi les maux de mes semblables ?
    Dès qu'ils souffrent, ils sont coupables,
S'ils éprouvent du ciel une juste rigueur.

    Irois-je m'opposer à la toute-puissance,
    Et contrarier ses décrets ?
Irois-je m'exposer par d'insensés bienfaits
    A partager leur indigence ?

    Non, non ; ils gémissent en vain ;
Et, loin de m'attendrir, leur présence m'irrite.
Qu'ils subissent le prix d'une folle conduite :
Pour des maux mérités on cesse d'être humain.

Mon or, cet or si cher, l'objet de tant de soins,
Le véritable ami, le solide avantage,
    Malgré leurs cris & leurs besoins,
    Ne sera jamais leur partage.

L'ART DE JOUIR,

A M. Racine:

AIMABLE Souverain des hommes & des Dieux,
Amour, à tes autels si j'ai porté mes vœux,
Si d'un cœur ingenu je t'ai rendu le maître,
Prête-moi ton pinceau, vole, fais disparoître
Les tristes préjugés qu'on oppose à ta voix;
Que tous les cœurs soumis se livrent à tes loix,
Dissipe des erreurs dont la raison murmure,
Fais que cette raison se joigne à la nature,
Pour apprendre aux mortels à ne confondre plus
Le véritable amour & le fils de Vénus.

DIEU dès ames, charmant Amour,
De ton brillant flambeau j'invoque le secours;
On ose devant moi nier ton existence,
J'entreprends ici ta défense:
En échauffant mon cœur, éclaire mon esprit
Fais qu'il ne regne en cet écrit
Aucun de ces tableaux dont la vive peinture
Fait gronder la raison, & gémir la nature.
Je veux exprimer dignement
Les délices du sentiment.
Que la froide Philosophie,
Avec peu de justice, & trop de vanité,
Fronde ce sentiment, le charme de la vie,
Je m'y livre, & je trouve en lui la volupté.

D 2

F.U Y E Z, dangereufes Phrynées;
Déja de mes jeunes années
Vous cherchez à troubler la paix;
Fuyez, je connois trop votre perfide adreffe;
Je me dérobe à votre ivreffe,
Je veux des plaifirs fans regrets.
En vain vous prodiguez vos charmes,
En vain, par de vives alarmes,
Vous croyez enchaîner mon cœur;
Vous allumez d'ardentes flames;
Mais la jouiffance des ames
Produit feule le vrai bonheur.

V o u s qui préférez la raifon
Au plaifir de fentir dans la jeune faifon,
Faut-il en faire un trifte ufage?
Ah! confultez l'Amour; écoutez fon langage.
Puiffes-tu, Dieu charmant, toi qui files nos jours,
Prêter fans ceffe à mes difcours
Tes graces, ta délicateffe;
Si tu veux combler mon bonheur,
Donne-moi l'art d'exprimer la tendreffe
Que tu réfervois pour mon cœur.

Vous qui baiffez les yeux, prudes & précieufes,
Fuyez, difparoiffez, femmes trop dangereufes;
A votre trifte afpect le cœur fe refroidit.
En vain vous affectez le ton & la décence
De la pure & fimple innocence;
Vos ames font en proie au plus fombre dépit.

Tiſſus par la main des Furies ;
Vos momens ſont comptés par mille perfidies ;
Vous les dérobez au grand jour ;
Mais on ne trompe point le véritable amour. ;
Ce Dieu s'envole à votre vue ,
Il cherche une grâce ingénue.
Vous l'appellez en vain, vos ſoins ſont ſuperflus.
Fuyez , malgré vos artifices ,
En vous il ne voit que des vices ,
Et pas la moindre des vertus.

HÉLAS ! tiens-je encore à la vie ?
Non : immobile , anéantie ,
Je ne vois plus la lumiere des cieux.
L'Amour , l'Amour a mis ſon bandeau ſur mes yeux.
Je ſens couler de douces larmes :
Que cette langueur à de charmes !
Ah ! quel délicieux moment !
J'embraſſe , je tiens mon Amant.
Ses carreſſes , mon cœur, tout me dit qu'il m'adore.
Et ſa bouche, & ſes yeux m'en aſſurent encore.
Impérieuſe volupté ,
Ivreſſe du plaiſir, cher & charmant menſonge,
Si vous ne paſſiez comme un ſonge,
On ne ſurvivroit pas à la félicité.

TOUT eſt plaiſir pour un cœur tendre ,
Tout lui parle & lui fait entendre
Qu'il eſt formé pour être heureux.
Le chant des oiſeaux amoureux ,

La vive & riante verdure,
Qu'étale à nos yeux la nature,
Lorſque la douceur du printemps
Vient embellir encor nos guerets & nos champs ;
L'aimable & diligente Aurore,
Le Zéphir, la charmante Flore,
Ce ſpectacle du ciel dont nous ſommes ſurpris ,
Toute la nature eſt dans un cœur bien épris.

AMOUR , ſource du vrai bonheur ,
Viens, reprens ton pinceau, quoique ton feu m'anime :
On te ſent mieux qu'on ne t'exprime ;
Mais reſte à jamais dans mon cœur.

F I N.